Mit der Liederfibel durchs Jahr

Sauerländer

Inhalt

So entstand die Liederfibel 4

Frühling

Alle Vögel sind schon da 8
Auf unsrer Wiese gehet was 10
Birkenbäumchen 12
Das arme Entlein 14
Das dumme Fröschlein 16
Die Vogelhochzeit 18
Ein Sperling auf dem Zaune saß 20
Es tanzt ein Bi-Ba-Butzemann 22
Häschen in der Grube 24
Janosch will nach Buda reiten 26
Kuckuck, Kuckuck 28
Ri, ra, rutsch 30
Summ, summ, summ 32
Winter, ade! 34
Wir öffnen jetzt das Taubenhaus 36

Sommer

Bauer, bind den Pudel an 38
Das ABC 40
Die kleinen Marionetten 42
Die Vogelpost 44
Kräht der Hahn 46
Froh zu sein 48
Fuchs, du hast die Gans gestohlen 50
Grün, grün, grün, sind alle meine Kleider 52
Klein Kleuterke 54
Kommt ein Vogel geflogen 56
Londons Brücke 58
Maikäfer, flieg! 60
Spiel mit mir! 62
Tanz, tanz, Quieselchen 64
Tarira, der Sommer, der ist da! 66

Herbst

Ein Männlein steht im Walde 68
Möcht ein Brieflein schreiben 70
Blätter fallen 72
Der Schneck 74
Eine unglaubliche Geschichte 76
Es regnet 78
Hoppe, hoppe, Reiter 80
Hütelied 82
Ich geh mit meiner Laterne 84
Jetzt steigt Hampelmann 86
Laterne, Laterne 88
Der Hahn ist tot 90
Nüsse schütteln 92
Pitsch, patsch, patsch! 94
Spannenlanger Hansel 96

Winter

A, B, C 98
Alle Jahre wieder 100
Als ich bei meinen Schafen wacht´ 102
Josef, lieber Josef mein 104
Eia wiwi 106
Es kommen sechs Propheten 108
Heidi pupeidi 110
Ihr Kinderlein kommet 112
Lasst uns froh und munter sein 114
Nun wollen wir singen 116
O Tannenbaum 118
Schlaf, du liebe Kleine 120
Vom Himmel hoch 122
Wenn das Sandmännchen kommt 124
Wir sind die drei Weisen 126

So entstand die Liederfibel

Im Jahr 1926 stand der junge Musiker Heribert Grüger vor seiner Klasse und gab sich große Mühe, seinen Schülern das Notenlesen beizubringen. Er schrieb ein lustiges Lied an die Tafel: »Hopp, hopp, hopp! Pferdchen lauf Galopp!«

Aber bald merkte er, dass dies die Kinder überhaupt nicht interessierte. Sie trieben nur Unfug hinter seinem Rücken.

Da wischte er kurz entschlossen alles wieder weg und malte mit farbiger Kreide statt Noten Pferdchen an die Tafel.

Nun wurde es plötzlich still im Zimmer. Wie gebannt schauten die Kinder zu, wie ein Pferdchen nach dem anderen entstand. Und als Heribert Grüger fertig war, sangen sie alle begeistert: »Hopp, hopp, hopp! Pferdchen lauf Galopp!«

Als die Stunde zu Ende war, rannte der Lehrer nach Hause. Dort rief er seinem Bruder Johannes, dem Maler, zu: »Mensch, Johannes, ich habe eine Idee! Wir machen zusammen ein Bilderbuch. Wir machen eine Liederfibel!«

Bruder Johannes setzte sich an den großen Zeichentisch, malte im Auf und Ab der Melodie Pferdchen und zeichnete die Noten, während Heribert Grüger weitere Lieder aussuchte und einrichtete.
Und Johannes Grüger malte Vögel, Hampelmänner, Blumen, Bienen, Pilze, Sterne, Engel, Schneemänner – bis achtzehn Lieder Bildernoten hatten.
Das war die Geburtsstunde der Liederfibel.

Alle Vögel sind schon da

1. Al - le Vö - gel sind schon da, al - le Vö - gel, al - le!
2. Wie sie al - le lus - tig sind, flink und froh sich re - gen!
3. Was sie uns ver - kün - den nun, neh - men wir zu Her - zen.

1. Welch ein Sin - gen, Mu - si - zier'n,
   Pfei - fen, Zwit - schern, Ti - ri - lier'n!
2. Am - sel, Dros - sel, Fink und Star
   und die gan - ze Vo - gel - schar
3. Wir auch wol - len lus - tig sein,
   lus - tig wie die Vö - ge - lein,

1. Früh - ling will nun ein - mar - schier'n, kommt mit Sang und Schal - le.
2. wün - schen uns ein fro - hes Jahr, lau - ter Heil und Se - gen.
3. hier und dort, feld - aus, feld - ein, sin - gen, sprin - gen, scher - zen.

Text: Hoffmann von Fallersleben
Melodie: Marie Nathusius / volkstümlich

Auf unsrer Wiese gehet was

1. Auf unsrer Wiese gehet was,
Es hat ein schwarz-weiß' Röcklein an,
2. Ihr denkt, das ist der Klapperstorch,
er hat ein schwarz-weiß' Röcklein an,

1. watet durch die Sümpfe.
trägt auch rote Strümpfe.
2. watet durch die Sümpfe,
trägt auch rote Strümpfe.

Fängt die Frösche, schnapp, schnapp, schnapp, klappert lustig, klap-per-di-klapp.

1. Wer kann das erraten?
2. Nein, das ist Frau Störchin.

Text: Hoffmann von Fallersleben,
Richard Löwenstein (2. Str.)
Melodie: volkstümlich

Auf uns- rer Wie- se ge- het was,
Es hat ein schwarz- weiß' Röck- lein an,

wa- tet durch die Sümp- fe.
trägt auch ro- te Strümp- fe.

Fängt die Frö- sche, schnapp, schnapp, klap- pert lus- tig klap- per- di- klapp.
schnapp, schnapp,

Wer kann das er- ra- ten?

Birkenbäumchen

Wo pol - je ber - jo - sa sto - ja - la,
1. Bir - ken - bäum - chen stand auf dem Fel - de,
2. Kei - ner kommt, das Bäum - chen zu bre - chen,
3. Bin zum Bir - ken - bäum - chen ge - gan - gen,
4. Von der Bir - ke schneid ich drei Zweig - lein,
5. Aus dem vier - ten ei - ne Ba - la - lai - ka,

wo pol - je kud - rja - wa - ja sto - ja - la,
1. stand mit grü - nen Lo - cken auf dem Fel - de,
2. kei - ner kommt, ein Zweig - lein ab - zu - bre - chen,
3. hab das wei - ße Bäum - chen mir ge - bro - chen,
4. aus den Zweig - lein mach ich mir drei Pfeif - lein,
5. spiel ein Lied - chen auf der Ba - la - lai - ka,

lju - li, lju - li, sto - ja - la.
1. lju - li, lju - li, auf dem Fel - de.
2. lju - li, lju - li, ab - zu - bre - chen.
3. lju - li, lju - li, mir ge - bro - chen.
4. lju - li, lju - li, mir drei Pfeif - lein.
5. lju - li, lju - li, Ba - la - lai - ka.

Text und Melodie:
aus Russland

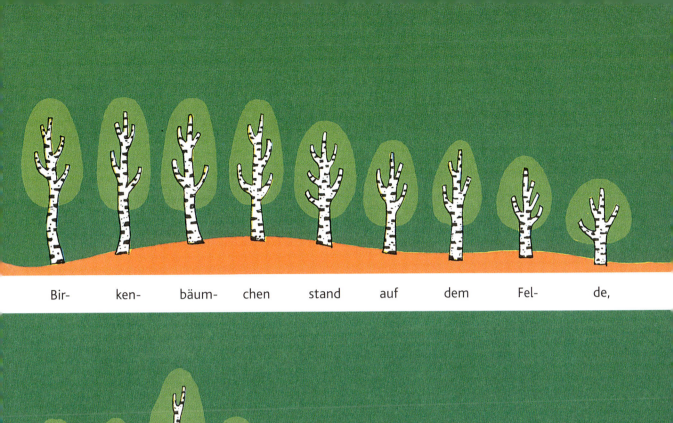

Bir- ken- bäum- chen stand auf dem Fel- de,

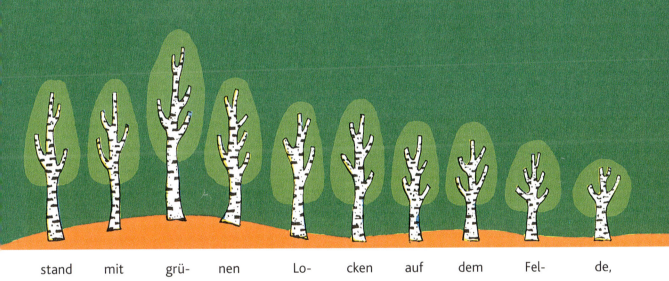

stand mit grü- nen Lo- cken auf dem Fel- de,

lju- li, lju- li, auf dem Fel- de,
lju- li, lju- li, auf dem Fel- de.

Das arme Entlein

U - ti - kej, ká - cǒ, u - ti - kej, u - ti - kej,
1. Lau - fe, mein Ent - lein, lauf schnell weg, lauf schnell weg,
2. Ach, lie - bes Ent - lein, hü - te dich, hü - te dich,

ho - ní tě ko - cour di - vo - kej, di - vo - kej,
1. dich jagt der Ka - ter, hü - te dich, hü - te dich,
2. fängt dich der Ka - ter, frisst er dich, frisst er dich,

ho - ní tě ko - cour di - vo - kej!
1. dich jagt der Ka - ter, hü - te dich!
2. fängt dich der Ka - ter, frisst er dich!

Text und Melodie:
aus der ehemaligen Tschechoslowakei

Lau- fe, mein Ent- lein, lauf schnell weg, lauf schnell weg,

dich jagt der Ka- ter, hü- te dich, hü- te dich,

dich jagt der Ka- ter, hü- te dich!

Das dumme Fröschlein

En lil - le frø i mo - sen sad,
den hop - ped' om og var så glad;
1. Ein Frösch - lein sitzt im Sumpf her - um,
es ist ver - gnügt, doch noch zu dumm;
2. Dar - um wohl auch ver - steht es nicht,
was Meis - ter Lang - bein zu ihm spricht;
3. Du klei - ner Frosch, jetzt ist es aus,
ich hab der Kind - lein drei im Haus;
4. Sie sind sehr hung - rig und noch klein,
das wird ein fröh - lich Schmau - sen sein;

kvak - kvak, kvak - kvak, kvak - kvak;
kvak - kvak, kvak - kvak, kvak - kvak!
1. quak - quak, quak - quak, quak - quak;
quak - quak, quak - quak, quak - quak!
2. quak - quak, quak - quak, quak - quak;
quak - quak, quak - quak, quak - quak!
3. klapp - klapp, klapp - klapp, klapp - klapp;
klapp - klapp, klapp - klapp, klapp - klapp!
4. happ - happ, happ - happ, happ - happ;
happ - happ, happ - happ, happ - happ!

Text und Melodie:
aus Dänemark

Ein	Frösch-	lein		hüpft		im		Sumpf		her-		um,
es	ist		ver-	gnügt,		doch		noch		zu		dumm;

| quak- | | quak, | quak- | | quak, | quak- | | quak; |
| quak- | | quak, | quak- | | quak, | quak- | | quak! |

Die Vogelhochzeit

1. Ein Vogel wollte Hochzeit machen

1. in dem grünen Walde.

Fi-de-ral-la-la, fi-de-ral-la-la, fi-de-ral-la-la-la-la.

2. Die Drossel ist der Bräutigam, die Amsel ist die Braute.
3. Der Sperber, der Sperber, der ist der Hochzeitswerber.
4. Der Seidenschwanz, der Seidenschwanz, der bringt der Braut den Hochzeitskranz.
5. Die Lerche, die Lerche, die bringt die Braut zur Kerche.
6. Der Auerhahn, der Auerhahn, der ist der würd'ge Herr Kaplan.
7. Die Meise, die Meise, die singt das Kyrieleise.
8. Die Gänse und die Anten, die sind die Musikanten.
9. Der Pfau mit seinem bunten Schwanz, der führt die Braut zum Hochzeitstanz.
10. Das Finkelein, das Finkelein, das führt das Paar ins Kämmerlein.
11. Brautmutter ist die Eule, nimmt Abschied mit Geheule.
12. Nun ist die Vogelhochzeit aus und alle ziehn vergnügt nach Haus.

Text und Melodie:
volkstümlich

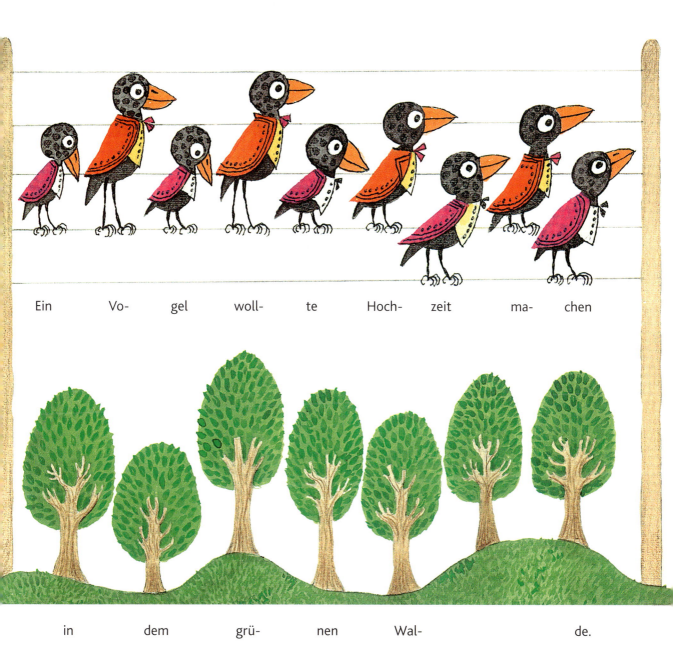

Ein Vo- gel woll- te Hoch- zeit ma- chen

in dem grü- nen Wal- de.

Fi- de- ral- la- la, fi- de- ral- la- la, fi- de- ral- la- la- la- la.

Ein Sperling auf dem Zaune saß

Ein Sper-ling auf dem Zau-ne saß, es reg-net sehr und er ward nass, da kam der lie-be Son-nen-schein, da ward er wie-der hübsch und fein.

Text: Hoffmann von Fallersleben
Melodie: volkstümlich

Ein Sper- ling auf dem Zau- ne saß, es reg- net sehr und er ward nass,

da kam der lie- be Son- nen- schein, da ward er wie- der hübsch und fein.

Es tanzt ein Bi-Ba-Butzemann

Es tanzt ein Bi - Ba - But - ze - mann in un - serm Haus he - rum.

Er rüt - telt sich, er schüt - telt sich,
er wirft sein Säck - lein hin - ter sich,

es tanzt ein Bi - Ba - But - ze - mann in un - serm Haus he - rum.

Text: aus *Des Knaben Wunderhorn*
Melodie: Wenzel Müller

| Es | tanzt | ein | Bi- | Ba- | But- | ze- | mann | in | un- | serm | Haus | he- | rum. |
| Es | tanzt | ein | Bi- | Ba- | But- | ze- | mann | in | un- | serm | Haus | he- | rum. |

| Er | rüt- | | telt | sich, | | er | schüt- | | telt | sich, |
| er | wirft | sein | Säck- | | er | lein | hin- | ter | sich. |

| Es | tanzt | ein | Bi- | Ba- | But- | ze- | mann | in | un- | serm | Haus | he- | rum. |

Häschen in der Grube

1. Häs - chen in der Gru - be saß und schlief.
2. Häs - chen in der Gru - be nickt und weint.
3. Häs - chen in der Gru - be hüpft und springt.

1. Ar - mes Häs - chen, bist du krank, dass du nicht mehr hüp - fen kannst?
2. Dok - tor, komm ge - schwind her - bei und ver - schreib ihm Ar - ze - nei!
3. Häs - chen, bist du schon ku - riert? Hui, das rennt und ga - lop - piert!

1. Häs - chen, hüpf! Häs - chen, hüpf! Häs - chen, hüpf!
2. Häs - chen, schluck! Häs - chen, schluck! Häs - chen, schluck!
3. Häs - chen, hopp! Häs - chen, hopp! Häs - chen, hopp!

Text: Friedrich Fröbel
Melodie: Karl Enslin

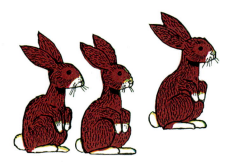

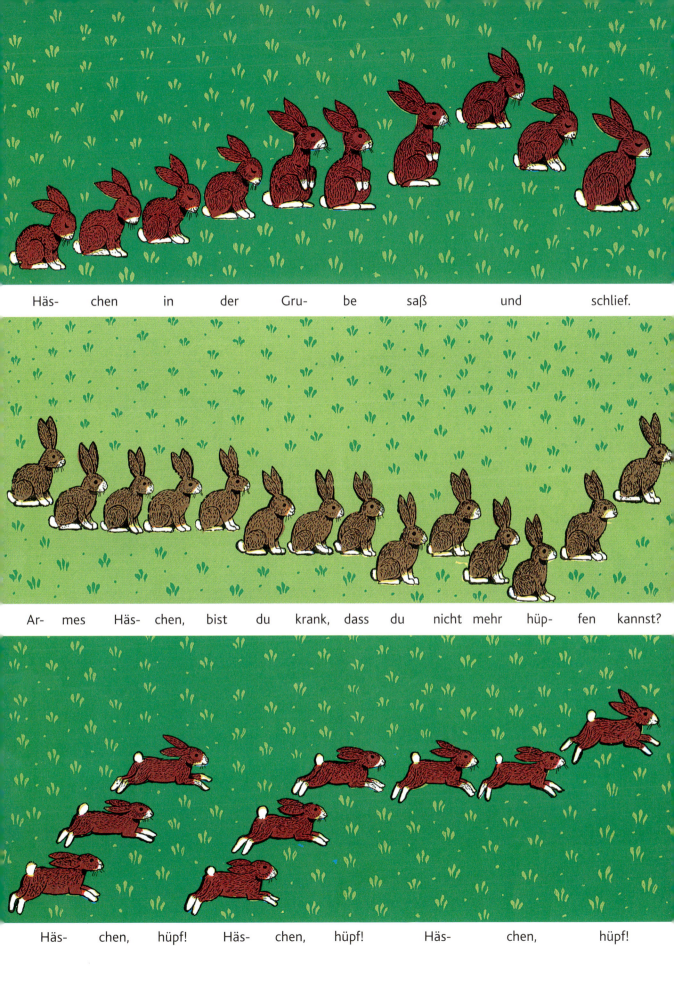

Häs- chen in der Gru- be saß und schlief.

Ar- mes Häs- chen, bist du krank, dass du nicht mehr hüp- fen kannst?

Häs- chen, hüpf! Häs- chen, hüpf! Häs- chen, hüpf!

Janosch will nach Buda reiten

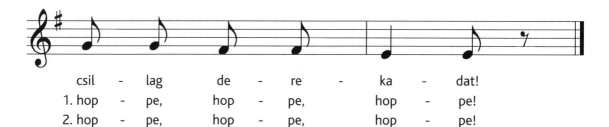

Text und Melodie:
aus Ungarn

Ja- wer nosch will nach Bu- da rei- ten,
hat Lust, ihn zu be- glei- ten?

Hoppe hoppe hoppe hopp, hoppe hoppe hop- pe!

Kuckuck, Kuckuck

1. „Ku - ckuck!", „Ku - ckuck!", ruft's aus dem Wald.
2. Ku - ckuck, Ku - ckuck lässt nicht sein Schrei'n.
3. Ku - ckuck, Ku - ckuck, treff - li - cher Held!

1. Las - set uns sin - gen, tan - zen und sprin - gen,
2. Kommt in die Fel - der, Wie - sen und Wäl - der!
3. Was du ge - sun - gen, ist dir ge - lun - gen:

1. Früh - ling, Früh - ling wird es nun bald.
2. Früh - ling, Früh - ling, stel - le dich ein!
3. Win - ter, Win - ter räu - met das Feld.

Text: Hoffmann von Fallersleben
Melodie: aus Österreich

»Ku- ckuck!«, »Ku- ckuck!«, ruft´s aus dem Wald.

Las- set uns sin- gen, tan- zen und sprin- gen!

Früh- ling, Früh- ling wird es nun bald.

Ri, ra, rutsch

Ri, ra, rutsch, wir fah - ren mit der Kutsch.

Mit der Kut - sche fah - ren wir.
Auf dem E - sel rei - ten wir.

Ri, ra, rutsch, wir fah - ren mit der Kutsch.

Text und Melodie:
volkstümlich

Ri, ra, rutsch, wir fah- ren mit der Kutsch.

Mit der Kut- sche fah- ren wir.
Auf dem E- sel rei- ten wir.

Ri, ra, rutsch, wir fah- ren mit der Kutsch.

Summ, summ, summ!

1. Summ, summ, summ! Bien-chen, summ he - rum!
2. Summ, summ, summ! Bien-chen, summ he - rum!
3. Summ, summ, summ! Bien-chen, summ he - rum!

1. Ei, wir tun dir nichts zu - lei - de, flieg nur aus in Wald und Hei - de!
2. Such in Blu-men, such in Blüm-chen dir ein Tröpf-chen, dir ein Krüm-chen!
3. Keh - re heim mit rei - cher Ha - be, bau uns man-che vol - le Wa - be!

1.–3. Summ, summ, summ! Bien-chen, summ he - rum!

Text: Hoffmann von Fallersleben
Melodie: aus Böhmen

Summ, summ, summ! Bien-chen, summ he-rum!

Ei, wir tun dir nichts zu-lei-de,
flieg nur aus in Wald und Hei-de!

Summ, summ, summ! Bien-chen, summ he-rum!

Winter, ade!

1.–3. Win - ter, a - de! Schei - den tut weh!

1. A - ber dein Schei - den macht, dass mir das Her - ze lacht.
2. Ger - ne ver - gess ich dein, kannst im - mer fer - ne sein.
3. Gehst du nicht bald nach Haus, lacht dich der Ku - ckuck aus.

1.–3. Win - ter, a - de! Schei - den tut weh!

Text: Hoffmann von Fallersleben
Melodie: volkstümlich

Win- ter, a- de! Schei- den tut weh!

A- ber dein Schei- den macht, dass mir das Her- ze lacht.

Win- ter, a- de! Schei- den tut weh!

Wir öffnen jetzt das Taubenhaus

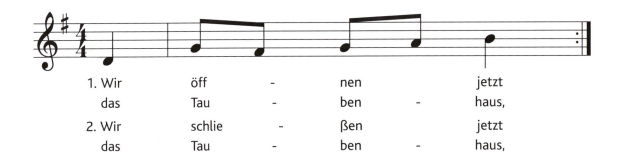

1. Wir öff - nen jetzt das Tau - ben - haus,
2. Wir schlie - ßen jetzt das Tau - ben - haus,

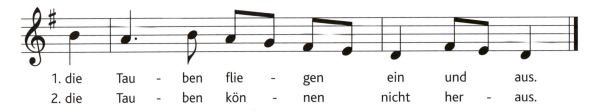

1. die Tau - ben flie - gen ein und aus.
2. die Tau - ben kön - nen ein nicht her - aus.

Text und Melodie: volkstümlich,
nach einem alten Hochzeitsreigen

Wir öff-nen jetzt das Tau-ben-haus,

die Tau-ben flie-gen

ein und aus.

Bauer, bind den Pudel an

1. Bau - er, bind den Pu - del an,
2. Tau - send Ta - ler ist kein Geld,

1. dass er mich nicht bei - ßen kann!
2. wenn der Pu - del mir ge - fällt.

1. Beißt er mich, ver - klag ich dich,
2. Beißt er dich, be - zah - le ich,

1. tau - send Ta - ler kos - tet's dich!
2. tau - send Ta - ler kos - tet's mich!

Text und Melodie:
aus Thüringen

DAS ABC

A B C D E F G H I J K L M N O P

Q R S T U V W, Q R S T U V W

X, Yp - si - lon, Z. O - kay! Wir wol - len ler - nen das A B C!

Text und Melodie:
volkstümlich

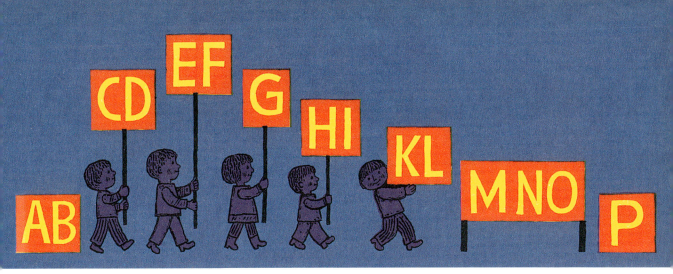

A B C D E F G H I K L M N O P

Q R S T U V W

X Yp- si- lon Z. O- kay! Wir wol- len ler- nen das A B C!

Die kleinen Marionetten

Ain - si font, font, font les pe - ti - tes ma - rio - net - tes,
Und so ma - che sie's, eu - si chli - ne Ma - rio - nett - li,
Und so ma - chen sie's, uns - re klei - nen Ma - rio - net - ten,

ain - si font, font, font: Trois p'tits tours et puis s'en vont.
und so ma - che sie's: Drü - mol u - me und denn furt.
und so ma - chen sie's: Drei - mal rum und dann gleich fort.

Text und Melodie:
aus der Schweiz

Und so ma- chen sie's, uns- re klei- nen Ma- rio- net- ten,

und so ma- chen sie's: Drei- mal rum und dann gleich fort.

Die Vogelpost

Pa - pa - gai - o   loi - ro,   de bi - co doi - ra - do,
1. Pa - pa - gei,   du   lie - ber,   bunt ist dein Ge - fie - der,
2. Gib mein Brief - lein   ab   und   kom - me zu mir wie - der!

le - va   me es - ta   car - ta   pa - rao oo - tre   la do!
1. tra - ge   ü - bers   Was - ser   mei - nen Gruß hi - nü - ber!
2. Pa - pa - gei,   du   lie - ber,   setz dich zu mir   nie - der!

Text und Melodie:
aus Portugal

Pa- pa- gei, du lie- ber, bunt ist dein Ge- fie- der,

tra- ge ü- bers Was- ser mei- nen Gruß hi- nü- ber!

Kräht der Hahn

1. Kräht der Hahn früh am Ta - ge, krä - het laut, krä - het
2. Guckt das Eich - hörn - chen run - ter: We - nig Zeit, we - nig
3. Kommt das Häs - chen ge - sprun - gen, macht Männ - chen vor
4. Steht der Ku - chen auf dem Ti - sche, macht sich dick, macht sich
5. Und Va - ter und Mut - ter, al - le Kin - der, alle

1. weit: Gu - ten Mor - gen, Rum - pel - pum - pel, dein Ge - burts - tag ist
2. Zeit! Gu - ten Mor - gen, Rum - pel - pum - pel, dein Ge - burts - tag ist
3. Freud: Gu - ten Mor - gen, Rum - pel - pum - pel, dein Ge - burts - tag ist
4. breit: Gu - ten Mor - gen, Rum - pel - pum - pel, dein Ge - burts - tag ist
5. Leut schrei - en: Hoch der Rum - pel - pum - pel, sein Ge - burts - tag ist

1.–4. heut. Gu - ten Mor - gen, Rum - pel - pum - pel, dein Ge - burts - tag ist heut.
5. heut. Schrei - en: Hoch der Rum - pel - pum - pel, sein Ge - burts - tag ist heut.

Text: Paula Dehmel
Melodie: Karl Marx
aus *Klavierbüchlein für Peter*
© Bärenreiter-Verlag, Kassel

Kräht der Hahn früh am Ta- ge, krä- het laut, krä- het

weit: Gu- ten Mor- gen, Rum- pel- pum- pel, dein Ge- burts- tag ist

heut. Gu- ten Mor- gen, Rum- pel- pum- pel, dein Ge- burts- tag ist heut.

Froh zu sein

Froh zu sein, be - darf es we - nig,

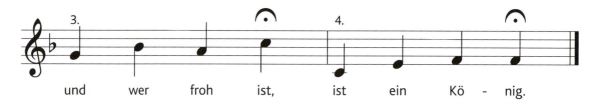

und wer froh ist, ist ein Kö - nig.

Text und Melodie:
August Mühling

Froh zu sein, be- darf es we- nig,

und wer froh ist, ist ein Kö- nig.

Fuchs, du hast die Gans gestohlen

1. Fuchs, du hast die Gans ge-stoh-len, gib sie wie-der her,
2. Sei - ne gro - ße lan - ge Flin - te schießt auf dich den Schrot,
3. Lie - bes Füchs-lein, lass dir ra - ten, sei doch nur kein Dieb!

1. sonst wird dich der Jä - ger ho - len, mit dem Schieß-ge - wehr!
2. dass dich färbt die ro - te Tin - te und dann bist du tot.
3. Nimm, du brauchst nicht Gän - se - bra - ten, mit der Maus vor - lieb.

Text: Ernst Anschütz
Melodie: volkstümlich

Fuchs, du hast die Gans ge- stoh- len, gib sie wie- der her,

sonst wird dich der Jä- ger ho- len mit dem Schieß- ge- wehr!

Grün, grün, grün sind alle meine Kleider

1. Grün, grün, grün sind alle meine Kleider,
   grün, grün, grün ist alles, was ich hab.

Darum lieb ich alles, was so grün ist,

weil mein Schatz ein Jäger, Jäger ist.

2. Blau, blau, blau sind alle meine Kleider,
   … weil mein Schatz ein Seemann, Seemann ist.

3. Schwarz, schwarz, schwarz sind alle meine Kleider,
   … weil mein Schatz ein Schornsteinfeger ist.

4. Weiß, weiß, weiß sind alle meine Kleider,
   … weil mein Schatz ein Bäcker, Bäcker ist.

5. Bunt, bunt, bunt sind alle meine Kleider,
   … weil mein Schatz ein Maler, Maler ist.

Text und Melodie:
aus Norddeutschland

Grün, grün, grün sind al- le mei- ne Klei- der,
grün, grün grün ist al- les, was ich hab.

Da- rum lieb ich al- les, was so grün ist,

weil mein Schatz ein Jä- ger, Jä- ger ist.

Klein Kleuterke

```
    Klein   klein      kleu - ter - ke,  wat   doet   gij    in   mijn   hof?
    plukt   de         bloem-pjes  af    en    maakt  't     veel  te           grof.
 1. Klein   klein      Kleu - ter - ke,  was   muss   ich   denn  hier   sehn?
    Du      reißt      Blu - men   ab,   lass  sie    doch  lie - ber           stehn!
 2. Klein   klein      Kleu - ter - ke,  was   tust   du    in   dem    Haus?
    Aus     dem        Fens - ter-chen,  da    gu - cke  ich  hin -              aus.
```

```
    Uw      moe - der  zal   gaan         kij - ven,   uw   va - der  zal   u    slaan.
 1. Der     Va - ter   wird  dich         schel - ten, die  Mut - ter trau - rig  sein.
 2. Der     Va - ter   wird  nicht        schel - ten, die  Mut - ter fröh - lich sein.
```

```
    Klein   klein      kleu - ter - ke,  will   uit   mijn   hof - ke         gaan!
 1. Klein   klein      Kleu - ter - ke,  geh    doch  ins    Haus  hin -      ein;
 2. Al  -   le         Blu - men   blü - hen    froh  im     Son - nen -      schein.
```

Text und Melodie:
aus Holland

Klein klein Kleuterke, was muss ich denn hier sehn?
Du reißt Blumen ab, lass sie doch lieber stehn!

Der Vater wird dich schelten, die Mutter traurig sein.

Klein klein Kleuterke, geh doch ins Haus hinein.

Kommt ein Vogel geflogen

1. Kommt ein Vogel geflogen, setzt sich nieder auf mein' Fuß,
2. Lieber Vogel, fliege weiter, nimm ein' Gruß mit und ein' Kuss,

1. hat ein' Zettel im Schnabel, von der Mutter ein' Gruß.
2. denn ich kann dich nicht begleiten, weil ich hierbleiben muss.

Text: Adolf Bäuerle
Melodie: Wenzel Müller

Kommt ein Vo- gel ge- flo- gen, setzt sich nie- der auf mein' Fuß,

hat ein' Zet- tel im Schna- bel, von der Mut- ter ein' Gruß.

Londons Brücke

Lon - don Bridge is fal - ling down, fal - ling down, fal - ling down.
Lon - dons Brü - cke hat ein Loch, hat ein Loch, hat ein Loch.

Lon - don Bridge is fal - ling down, my fair la - dy!
Rund ums Loch, da steht sie noch, my fair la - dy!

Text und Melodie:
aus England

Lon- dons Brü- cke hat ein Loch, hat ein Loch, hat ein Loch.

Rund ums Loch, da steht sie noch, my fair la- dy!

Maikäfer, flieg!

Mai - kä - fer, flieg! Dein Vater ist im Krieg.
Die Mutter ist in Pommerland, Pommerland ist
ab - ge - brannt. Mai - kä - fer, flieg!

Text: aus *Des Knaben Wunderhorn*
Melodie: volkstümlich

Mai- kä- fer, flieg! Dein Va- ter ist im Krieg.

Die Mut- ter ist in Pom- mer- land, Pom- mer- land ist ab- ge- brannt.

Mai- kä- fer, flieg!

Spiel mit mir!

1. Spiel mit mir, spiel mit mir, wirf mir dei - nen Ball zu!
2. Willst du nicht, willst du nicht, spiel ich mit 'ner an - dern!

1. Will ich nicht, will ich nicht, mei - nen Ball be - halt ich!
2. Bleib bei mir, bleib bei mir, ich will mit dir spie - len!

Text und Melodie:
aus Bulgarien

Spiel mit mir, spiel mit mir, wirf mir dei- nen Ball zu!

Will ich nicht, will ich nicht, mei- nen Ball be- halt ich!

Tanz, tanz, Quieselchen

1.–3. Tanz, tanz, Quie - sel - chen,

1. ich schenk dir auch ein Ei.
2. dann schenk ich dir ein Haus!
3. dann schenk ich dir 'nen Mann!

1.–2. Nein, sagt das liebs - te Quie - sel - chen,
3. Ja, sagt das liebs - te Quie - sel - chen,

1. ich tanz auch nicht für zwei.
2. da mach ich mir nichts draus.

3. dann tanz ich, was ich kann.

Text und Melodie:
aus der Gegend um Aachen

Tanz, tanz, Quie- sel- chen,

ich schenk dir auch ein Ei.

Nein, sagt das liebs- te Quie- sel- chen,

ich tanz auch nicht für zwei.

Trarira, der Sommer, der ist da!

1.–3. Tra - ri - ra, der Som - mer, der ist da!

1. Wir wol-len in den Gar-ten und woll'n des Som-mers war-ten.
2. Wir wol-len zu den He-cken und woll'n den Som-mer we-cken.
3. Der Som-mer hat ge-won-nen, der Win-ter hat ver-lo-ren.

1.–3. Ja, ja, ja! Der Som - mer, der ist da!

Text und Melodie:
aus der Pfalz

Ein Männlein steht im Walde

1. Ein Männlein steht im Walde, ganz still und stumm,
   es hat von lauter Purpur ein Mäntlein um.
2. Das Männlein steht im Walde auf einem Bein,
   es hat auf seinem Haupte schwarz Käpplein klein.

1. Sagt, wer mag das Männlein sein, das da steht im Wald allein
2. Sagt, wer mag das Männlein sein, das da steht im Wald allein

1. mit dem purpurroten Mäntelein?
2. mit dem kleinen schwarzen Käppelein?

Text: Hoffmann von Fallersleben
Melodie: volkstümlich

Ein Männlein steht im Walde, ganz still und stumm,
es hat von lauter Purpur ein Mäntlein um.

Sagt, wer mag das Männlein sein,
das da steht im Wald allein

mit dem purpurroten Mäntelein?

Möcht ein Brieflein schreiben

Au claire de la lune, mon ami Pierrot,
prête-moi ta plume pour écrire un mot!
1. Leih mir deine Feder, lieber Freund Pierrot,
möcht ein Brieflein schreiben, doch ich weiß nicht, wo.
2. Und im Mondenscheine ruft Pierrot zurück:
Ich bin schon im Bette, hast bei mir kein Glück.

Ma chandelle est morte, je n'ai pas de feu.
1. Es erlosch die Kerze, auch das Feuer mir,
2. Geh doch zur Frau Nachbar'n, die ist lieb und nett

Ouvre-moi ta porte pour l'amour de Dieu!
1. für die Liebe Gottes, öffne mir die Tür!
2. und in ihrer Küche glüht noch ein Brikett!

Text und Melodie:
aus Frankreich

Leih mir dei- ne Fe- der, lie- ber Freund Pier- rot,
möcht ein Brief- lein schrei- ben, doch ich weiß nicht, wo.

Es er- losch die Ker- ze, auch das Feu- er mir,

für die Lie- be Got- tes, öff- ne mir die Tür!

Blätter fallen

Bla - der fal - ler, fal - ler og fal - ler.
Blät - ter fal - len, fal - len und fal - len.

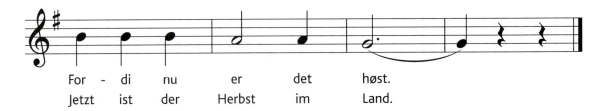

For - di nu er det høst.
Jetzt ist der Herbst im Land.

Text und Melodie:
aus Norwegen

Blät- ter fal- len, fal- len und fal- len.

Jetzt ist der Herbst im Land.

Der Schneck

Es gibt kein schön'-res Tier-chen als ein' sol-chen Schneck, Schneck, Schneck;

es trägt sein ei-gen Häus-chen auf dem Rü-cken weg.

Text und Melodie:
aus Österreich

Es gibt kein schön´- res Tier- chen als ein´ sol- chen Schneck, Schneck, Schneck

es trägt sein ei- gen Häus- chen auf dem Rü- cken weg.

Eine unglaubliche Geschichte

Hey did-dle, hey did-dle, the cat and the fid-dle, the
Hei di-del, hei di-del, die Katz spielt die Fie-del, die

cow jumped o-ver the moon; the lit-tle dog lau-ghed to
Kuh springt ü-ber den Schrank; die Tel-ler lau-fen den

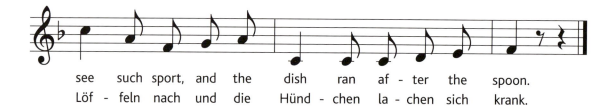

see such sport, and the dish ran af-ter the spoon.
Löf-feln nach und die Hünd-chen la-chen sich krank.

Text und Melodie:
aus England

Hei di- del, hei di- del, die Katz spielt die Fie- del, die

Kuh springt ü- ber den Schrank; die Tel- ler lau- fen den

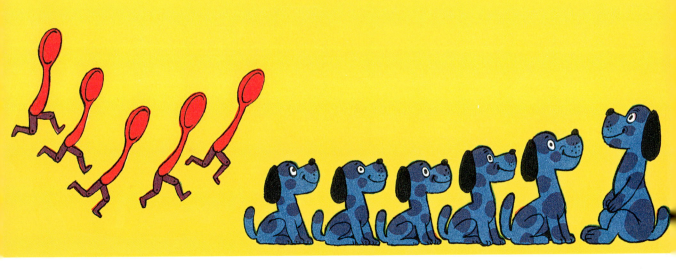

Löf- feln nach und die Hünd- chen la- chen sich krank.

Es regnet

Es reg - net, es reg - net, es reg - net sei - nen Lauf,

und wenn's ge - nug ge - reg - net hat, dann hört es wie - der auf.

Text und Melodie:
volkstümlich

Es reg- net, es reg- net, es reg- net sei- nen Lauf,

und wenn's ge- nug ge- reg- net hat, dann hört es wie- der auf.

Hoppe, hoppe, Reiter

Hop - pe, hop - pe, Rei - ter,
wenn er fällt, dann schreit er.

Fällt er in den Gra - ben, fres - sen ihn die Ra - ben.

Fällt er in den Sumpf, macht der Rei - ter plumps!

Text und Melodie:
volkstümlich

Hop- pe, hop- pe, Rei- ter,
wenn er fällt, dann schreit er.

Fällt er in den Gra- ben, fres- sen ihn die Ra- ben.

Fällt er in den Sumpf, macht der Rei- ter plumps!

Hütelied

Jag vill gå vall he - la da - gen all
Da - gen är lång, ma - gen är svång,
1. He, hol - la, he! Auf dem Ber - ge hoch
Der Tag ist lang und der Ma - gen leer,
2. Ihr Zie - gen kommt, hü - ten will ich euch,
Bleibt dicht bei mir! Wenn die Son - ne sinkt,

up - på den lång - a mos - sen.
li - te la mor i på - sen.
1. steh ich mit mei - nen Tie - ren.
kei - nes darf ich ver - lie - ren.
2. frisch ist das Gras zum Schmau - se.
ge - hen wir still nach Hau - se.

Text und Melodie:
aus Schweden

| He, | hol- | la, | he! | Auf | dem | Ber- | ge | hoch |
| Der | Tag | ist | lang | und | der | Ma- | gen | leer, |

| steh | ich | mit | mei- | nen | Tie- | ren. |
| kei- | nes | darf | ich | ver- | lie- | ren. |

Ich geh mit meiner Laterne

1.–3. Ich geh mit mei-ner La-ter-ne und mei-ne La-ter-ne mit mir.
Dort o-ben leuch-ten die Ster-ne, hier un-ten, da leuch-ten wir.

1. Mit Lich-tern hell sind wir zur Stell', ra-
2. La-ter-nen-licht, ver-lösch mir nicht! Ra-
3. Mein Licht ist aus, wir gehn nach Haus, ra-

1.–3. bim-mel, ra-bam-mel, ra-bumm.

Text und Melodie:
aus Norddeutschland

Ich geh mit mei- ner La- ter- ne und mei- ne La- ter- ne mit mir.
Dort o- ben leuch- ten die Ster- ne, hier un- ten, da leuch- ten wir.

Mit Lich- tern hell sind wir zur Stell', ra- bim- mel, ra- bam- mel, ra- bumm.

Jetzt steigt Hampelmann

1. Jetzt steigt Ham-pel-mann, jetzt steigt Ham-pel-mann
2.–5. Jetzt zieht Ham-pel-mann, jetzt zieht Ham-pel-mann
6. Jetzt setzt Ham-pel-mann, jetzt setzt Ham-pel-mann
7. Jetzt geht Ham-pel-mann, jetzt geht Ham-pel-mann
8. Jetzt tanzt Ham-pel-mann, jetzt tanzt Ham-pel-mann

1. aus sei-nem Bett he-raus, aus sei-nem Bett he-raus.
2. sich sei-ne Strümp-fe an, sich sei-ne Strümp-fe an.
3. sich sei-ne Ho-se an, sich sei-ne Ho-se an.
4. sich sei-ne Schu-he an, sich sei-ne Schu-he an.
5. sich sei-ne Ja-cke an, sich sei-ne Ja-cke an.
6. sich sei-ne Müt-ze auf, sich sei-ne Müt-ze auf.
7. mit sei-ner Frau spa-ziern, mit sei-ner Frau spa-ziern.
8. mit sei-ner lie-ben Frau, mit sei-ner lie-ben Frau.

1.–8. Oh, du mein Ham-pel-mann, mein Ham-pel-mann bist du!

Text und Melodie:
aus Norddeutschland

Jetzt steigt Ham- pel- mann, jetzt steigt Ham- pel- mann

aus sei- nem Bett he- raus, aus sei- nem Bett he- raus.

Oh, du mein Ham- pel- mann, mein Ham- pel- mann bist du!

Laterne, Laterne

La - ter - ne, La - ter - ne, Son - ne, Mond und Ster - ne,

bren - ne auf, mein Licht, bren - ne auf, mein Licht,

a - ber nur mei - ne lie - be La - ter - ne nicht!

Text und Melodie:
aus Norddeutschland

La- ter- ne, La- ter- ne, Son- ne, Mond und Ster- ne,

bren- ne auf, mein Licht, bren- ne auf, mein Licht,

a- ber nur mei- ne lie- be La- ter- ne nicht!

Der Hahn ist tot

Le coq est mort, le coq est mort.
Der Hahn ist tot, der Hahn ist tot.

Le coq est mort, le coq est mort.
Der Hahn ist tot, der Hahn ist tot.

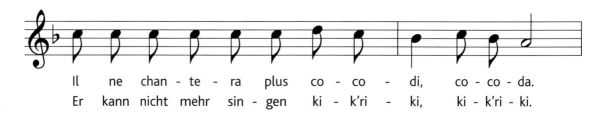

Il ne chan - te - ra plus co - co - di, co - co - da.
Er kann nicht mehr sin - gen ki - k'ri - ki, ki - k'ri - ki.

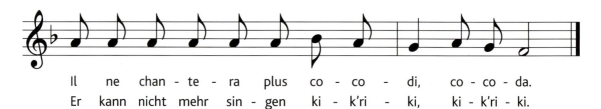

Il ne chan - te - ra plus co - co - di, co - co - da.
Er kann nicht mehr sin - gen ki - k'ri - ki, ki - k'ri - ki.

Text und Melodie:
aus Frankreich

Nüsse schütteln

1. Ging ein Weib-lein Nüs - se schüt-teln, Nüs - se schüt-teln, Nüs - se schüt-teln,
2. Ging ein Weib-lein Him-beern pflü-cken, Him-beern pflü-cken, Himbeern pflü-cken,
3. Hat nicht nur den Rock zer - ris - sen, Rock zer - ris - sen, Rock zer - ris - sen,

1. al - le Kin - der hal - fen rüt - teln, hal - fen rüt - teln, rums!
2. riss da - bei den Rock in Stü - cken, Rock in Stü - cken, rums!
3. wird die Schuh auch fli - cken müs - sen, fli - cken müs - sen, rums!

1. Ging ein Weib-lein Nüs - se schüt-teln, Nüs - se schüt-teln, Nüs - se schüt-teln,
2. Ging ein Weib-lein Him-beern pflü-cken, Him-beern pflü-cken, Him-beern pflü-cken,
3. Hat nicht nur den Rock zer - ris - sen, Rock zer - ris - sen, Rock zer - ris - sen,

1. al - le Kin - der hal - fen rüt - teln, hal - fen rüt - teln, rums!
2. riss da - bei den Rock in Stü - cken, Rock in Stü - cken, rums!
3. wird die Schuh auch fli - cken müs - sen, fli - cken müs - sen, rums!

Text und Melodie:
aus Masuren

Ging ein Weib- lein Nüs- se schüt- teln, Nüs- se schüt- teln, Nüs- se schüt- teln,

al- le Kin- der hal- fen rüt- teln, hal- fen rüt- teln, rums!

Ging ein Weib- lein Nüs- se schüt- teln, Nüs- se schüt- teln, Nüs- se schüt- teln,

al- le Kin- der hal- fen rüt- teln, hal- fen rüt- teln, rums!

Pitsch, pitsch, patsch!

1. Pitsch, pitsch, patsch! Pitsch, pitsch, patsch! Manch-mal macht es pit-sche, pit-sche, patsch.
2. Pitsch, pitsch, patsch! Pitsch, pitsch, patsch! Manch-mal macht es pit-sche, pit-sche, patsch.

1. Doch wir fürch-ten nicht die Trop-fen, die auf un-ser Schirm-chen klop-fen.
2. Reg-net es auch oh-ne Pau-se, tro-cken kom-men wir nach Hau-se.

1. Doch wir fürch-ten nicht die Trop-fen, die auf un-ser Schirm-chen klop-fen.
2. Reg-net es auch oh-ne Pau-se, tro-cken kom-men wir nach Hau-se.

Text und Melodie:
aus Italien

Pitsch, pitsch, patsch! Pitsch, pitsch, patsch! Manch- mal macht es pit- sche, pit- sche, patsch.

Doch wir fürch- ten nicht die Trop- fen, die auf un- ser Schirm- chen klop- fen.

Doch wir fürch- ten nicht die Trop- fen, die auf un- ser Schirm- chen klop- fen.

Spannenlanger Hansel

1. Span - nen - lan - ger Han - sel, nu - del - di - cke Dirn,
   gehn wir in den Gar - ten, schüt - teln wir die Birn'!
2. Lauf doch nicht so när - risch, span - nen - lan - ger Hans!
   Ich ver - lier die Bir - nen und die Schuh noch ganz.

1. Schüt - tel ich die gro - ßen, schüt - telst du die klein'.
2. Trägst ja nur die klei - nen, nu - del - di - cke Dirn,

1. Wenn das Säck - lein voll ist, gehn wir wie - der heim.
2. und ich schlepp den schwe - ren Sack mit gro - ßen Birn'!

Text und Melodie:
volkstümlich

Spannenlanger Hansel, nudeldicke Dirn',
gehn wir in den Garten, schütteln wir die Birn'!

Schüttel ich die großen, schüttelst du die klein'.

Wenn das Säcklein voll ist, gehn wir wieder heim.

A, B, C

A, B, C, die Kat - ze lief im Schnee.

Und als sie dann nach Hau - se kam, da hatt' sie wei - ße Stie - fel an,

o - je - mi - ne, o - je - mi - ne, die Kat - ze lief im Schnee.

Text und Melodie:
volkstümlich

A, B, C, die Kat- ze lief im Schnee.

Und als sie dann nach Hau- se kam,
da hatt' sie wei- ße Stie- fel an,

o- je- mi- ne, o- je- mi- ne, die Kat- ze lief im Schnee.

Alle Jahre wieder

1. Al - le Jah - re wie - der kommt das Chris - tus - kind
2. Kehrt mit sei - nem Se - gen ein in je - des Haus,
3. Steht auch mir zur Sei - te, still und un - er - kannt,

1. auf die Er - de nie - der, wo wir Men - schen sind.
2. geht auf al - len We - gen mit uns ein und aus.
3. dass es treu mich lei - te an der lie - ben Hand.

Text: Wilhelm Hey
Melodie: Friedrich Silcher

Al- le Jah- re wie- der kommt das Chris- tus- kind auf die Er- de nie- der, wo wir Men- schen sind.

Als ich bei meinen Schafen wacht'

1. Als ich bei mei - nen Scha - fen wacht',
ein En - gel mir die Bot - schaft bracht'.
2. Er sagt', es soll ge - bo - ren sein
zu Beth - le - hem ein Kin - de - lein.
3. Er sagt', das Kind läg da im Stall
und sollt' die Welt er - lö - sen all.
4. Als ich das Kind im Stall ge - sehn,
konnt' ich nicht mehr von dan - nen gehn.
5. Den Schatz muss ich be - wah - ren wohl,
so bleibt mein Herz von Freu - den voll.

1.–5. Des bin ich froh, froh, froh, froh.

1.–5. Be - ne - di - ca - mus Do - mi - no.

Text und Melodie:
aus Lothringen

Als ich bei mei- nen Scha- fen wacht',
ein En- gel mir die Bot- schaft bracht'.

Des bin ich froh, froh, froh, froh.

Be- ne- di- ca- mus Do- mi- no.

Josef, lieber Josef mein

1. Jo - sef, lie - ber Jo - sef mein,
   hilf mir wieg'n mein Kin - de - lein.
2. Ger - ne, lie - be Muh - me mein,
   helf ich wieg'n dein Kin - de - lein.

1.–2. Gott, der wird dein Loh - ner sein

im Him - mel - reich, der Jung - frau Sohn Ma - ri - a.

Text: nach einer Leipziger Handschrift
aus dem 14. Jahrhundert
Melodie: auf das lateinische Resonet
in laudibus

Eia wiwi

Ei - a wi - wi, wer schläft heut Nacht bei mi?

Soll's die lie - be An - ne sein, Ei - a wi - wi!
muss sie auch recht ar - tig sein.

Text und Melodie:
aus Mecklenburg

Ei- a wi- wi, wer schläft heut Nacht bei mi?

Soll's die lie- be An- ne sein,
muss sie auch recht ar- tig sein.

Ei- a wi- wi!

Es kommen sechs Propheten

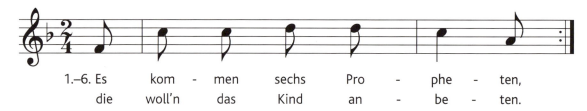

1.–6. Es kom - men sechs Pro - phe - ten,
die woll'n das Kind an - be - ten.

1. Der ers - te spielt die Flö - te,
2. Der zwei - te streicht die Gei - ge,
3. Der drit - te rührt die Trom - mel,
4. Der vier - te schlägt das Glöck - chen an,
5. Der fünf - te bläst Trom - pe - te,
6. Der sechs - te aus den No - ten singt:

1. fli fla fli fla Flö - te.
2. gi ga gi ga Gei - ge.
3. trom trom trom trom Trom - mel.
4. kling klang kling klang Glöck - chen.
5. tra tra tra Trom - pe - te.
6. „Schla - fe ein, mein lie - bes Kind!"

Text und Melodie: volkstümlich

Es kom- men sechs Pro- phe- ten,
die woll'n das Kind an- be- ten.

Der er- ste spielt die Flö - te,

fli fla fli fla Flö - te.

Heidi pupeidi

Hei - di pu - pei - di, mein Kin - derl, schlaf ein!
Zehn wei - ße En - gerln, die schlä - fern dich ein.

Tu mir schön still lie - gen,
dass sie nicht fort - flie - gen,

hei - di pu - pei - di, mein Kin - derl, schlaf ein!

Text und Melodie:
aus Böhmen

Hei- di pu- pei- di, mein Kin- derl, schlaf ein!
Zehn wei- ße En- gerln, die schlä- fern dich ein.

Tu mir schön still lie- gen,
dass sie nicht fort- flie- gen,

Hei- di pu- pei- di, mein Kin- derl, schlaf ein!

Ihr Kinderlein kommet

1. Ihr Kin - der - lein kom - met, o kom - met doch all!
   Zur Krip - pe her kom - met in Beth - le - hems Stall
2. Da liegt es, das Kind - lein, auf Heu und auf Stroh;
   Ma - ri - a und Jo - sef be - trach - ten es froh.
3. O beugt wie die Hir - ten an - be - tend die Knie,
   er - he - bet die Händ - lein und dan - ket wie sie.

1. und seht, was in die - ser hoch - hei - li - gen Nacht
2. Die red - li - chen Hir - ten knien be - tend da - vor;
3. Stimmt freu - dig, ihr Kin - der – wer sollt' sich nicht freun? –,

1. der Va - ter im Him - mel für Freu - de uns macht!
2. hoch o - ben schwebt ju - belnd der En - ge - lein Chor.
3. stimmt freu - dig zum Ju - bel der En - gel mit ein!

Text: Christoph von Schmid
Melodie: Johann Abraham Peter Schulz

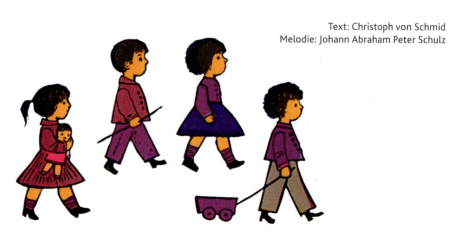

| Ihr | Kin- | der- | lein | kom- | met, | o | kom- | met | doch | all! |
| Zur | Krip- | pe | her | kom- | met | in | Beth- | le- | hems | Stall |

und seht, was in die- ser hoch- hei- li- gen Nacht

der Va- ter im Him- mel für Freu- de uns macht!

Lasst uns froh und munter sein

1. Lasst uns froh und mun - ter sein
2. Dann stell ich den Tel - ler auf,
3. Wenn ich schlaf, dann träu - me ich:
4. Wenn ich auf - ge - stan - den bin,
5. Ni - k'laus ist ein gu - ter Mann,

1. und uns recht von Her - zen freun!
2. Ni - k'laus legt ge - wiss was drauf.
3. jetzt bringt Ni - k'laus was für mich.
4. lauf ich schnell zum Tel - ler hin.
5. dem man nicht ge - nug dan - ken kann.

1.–5. Lus - tig, lus - tig, tral - le - ral - le - ra,

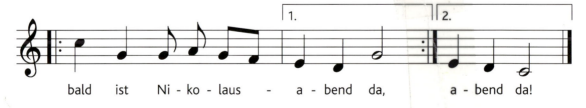

bald ist Ni - ko - laus - a - bend da, a - bend da!

Text und Melodie:
aus dem Hunsrück und aus dem Rheinland

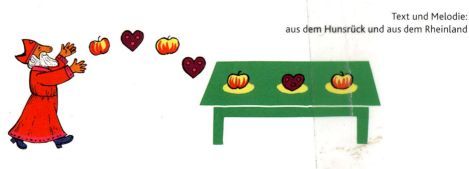

Lasst uns froh und mun- ter sein

und uns recht von Her- zen freun!

Lus- tig, lus- tig, tra- le- ra- le- ra,

bald ist Ni- ko- laus- a- bend da!

Nun wollen wir singen

1. Nun wol - len wir sin - gen das A - bend - lied
2. Es wei - nen viel Au - gen wohl jeg - li - che Nacht,
3. Es wan - dern viel Ster - ne am Him - mels - rund,
4. Dass Gott uns be - hüt', bis die Nacht ver - geht,

1. und be - ten, dass Gott uns be - hüt'!
2. bis mor - gen die Son - ne er - wacht.
3. wer sagt ih - nen Fahr - weg und Stund'?
4. kommt, sin - get das A - bend - ge - bet!

Text und Melodie:
aus dem Odenwald

Nun wol- len wir sin- gen das A- bend- lied

und be- ten, dass Gott uns be- hüt'!

O Tannenbaum

1. O Tannenbaum, o Tannenbaum, wie treu sind deine Blätter!
2. O Tannenbaum, o Tannenbaum, du kannst mir sehr gefallen.
3. O Tannenbaum, o Tannenbaum, dein Kleid kann mich was lehren.

1. Du grünst nicht nur zur Sommerzeit, nein, auch im Winter, wenn es schneit.
2. Wie oft hat doch zur Wintersszeit ein Baum von dir mich hoch erfreut.
3. Die Hoffnung und Beständigkeit gibt Trost und Kraft zu jeder Zeit.

1. O Tannenbaum, o Tannenbaum, wie treu sind deine Blätter!
2. O Tannenbaum, o Tannenbaum, du kannst mir sehr gefallen.
3. O Tannenbaum, o Tannenbaum, dein Kleid kann mich was lehren.

Text: August Zarnack (1. Str.)
Ernst Anschütz (2. u. 3. Str.)
Melodie: altes Studentenlied

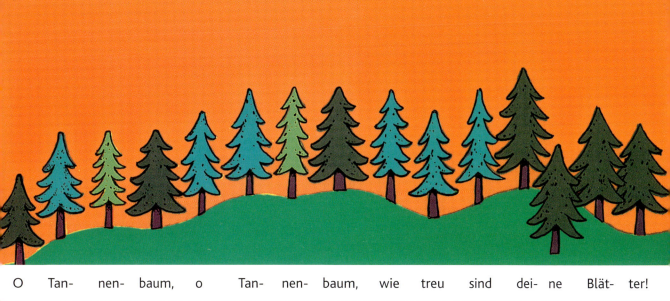

O Tan- nen- baum, o Tan- nen- baum, wie treu sind dei- ne Blät- ter!

Du grünst nicht nur zur Som- mers- zeit, nein, auch im Win- ter, wenn es schneit.

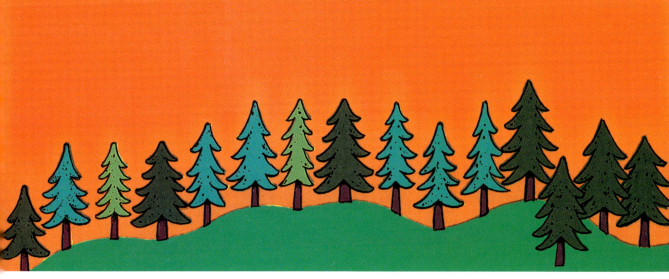

O Tan- nen- baum, o Tan- nen- baum, wie treu sind dei- ne Blät- ter!

Schlaf, du liebe Kleine

1. Schlaf, du lie - be Klei - ne,
jet - zo schlägt es neu - ne;
2. Al - le Leu - te sa - gen:
Holt dem Kind ein' Wa - gen,

1. die - ses ist die Schlum - mer - zeit
für die Kin - der weit und breit.
2. Fahrt es in den Wald hi - nein,
wo die schö - nen Vö - gel sein!

1. u. 2. Schlaf, du lie - be Klei - ne!

Text und Melodie: volkstümlich

| Schlaf, | du | lie- | be | Klei- | ne, |
| jet- | zo | schlägt | es | neu- | ne; |

| die- | ses | ist | die | Schlum- | mer- | zeit |
| für | die | Kin- | der | weit | und | breit. |

| Schlaf, | du | lie- | be | | Klei- | ne! |

Vom Himmel hoch

1. Vom Him - mel hoch, da komm ich her. Ich bring euch
2. Euch ist ein Kind - lein heut ge - born von ei - ner
3. Es ist der Herr Christ, un - ser Gott, der will euch
4. Des lasst uns al - le fröh - lich sein und mit den
5. Lob, Ehr sei Gott im höchs - ten Thron, der uns schenkt

1. gu - te neu - e Mär. Der gu - ten Mär bring
2. Jung - frau aus - er - korn, ein Kin - de - lein, so
3. führn aus al - ler Not. Er will euer Hei - land
4. Hir - ten gehn hi - nein, zu sehn, was Gott uns
5. sei - nen ein' - gen Sohn! Des freu - et sich der

1. ich so viel, da - von ich singen und sa - gen will.
2. zart und fein. Das soll eu'r Freud und Won - ne sein.
3. sel - ber sein, von al - len Sün - den ma - chen rein.
4. hat be - schert, mit sei - nem lie - ben Sohn ver - ehrt.
5. En - gel Schar und sin - get uns solch neu - es Jahr.

Text und Melodie:
Martin Luther

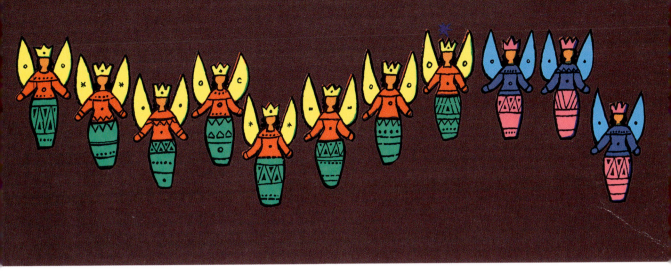

Vom Him- mel hoch, da komm ich her. Ich bring euch

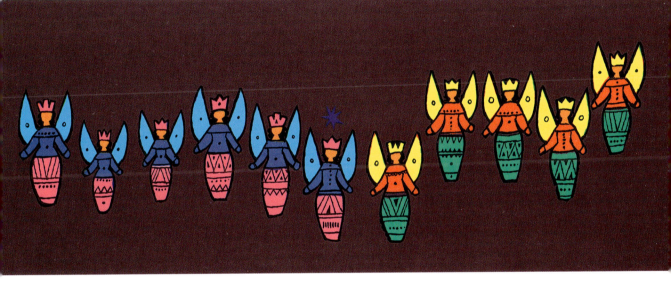

gu- te neu- e Mär. Der gu- ten Mär bring

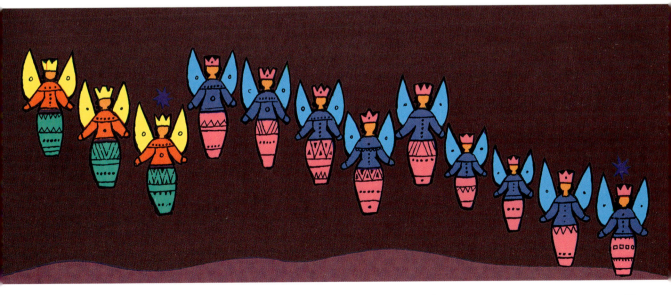

ich so viel, da- von ich singen und sa- gen will.

Wenn das Sandmännchen kommt

Stil - le, stil - le, kein Ge - räusch ge - macht!

Da - rum seid nur al - le still,
weil mein Kind - lein schla - fen will!

Stil - le, stil - le, kein Ge - räusch ge - macht!

Text und Melodie:
aus Thüringen

Stil- le, stil- le, kein Ge- räusch ge- macht!

Da- rum seid nur al- le still,
weil mein Kind- lein schla- fen will!

Stil- le, stil- le, kein Ge- räusch ge- macht!

Wir sind die drei Weisen

1. Ihr Stern-lein, steht stil-le wohl ü-ber dem Haus,
2. Wir wün-schen dem Haus-herrn ein' Zie-gen-bock,
3. Wir wün-schen der Haus-frau ein' gol-de-nen Tisch,
4. In-mit-ten des Ti-sches ein Fläsch-chen mit Wein,
5. Wir wün-schen der To-chter ein' gol-de-nen Kamm,

1. wir sind die drei Wei-sen aus Mor-gen-land.
2. da-rauf kann er rei-ten, hopp hopp im Ga-lopp.
3. auf al-len vier E-cken ge-bra-te-nen Fisch.
4. das soll der Ge-sund-heit des Haus-her-ren sein.
5. zu künf-ti-gem Neu-jahr den Bräu-ti-gam.

Text und Melodie:
aus Holstein

Ihr Stern- lein, steht stil- le wohl ü- ber dem Haus,

wir sind die drei Wei- sen aus Mor- gen- land.

Bibliografische Information der Deutschen Nationalbibliothek
Die Deutsche Nationalbibliothek verzeichnet diese Publikation
in der Deutschen Nationalbibliografie; detaillierte bibliografische
Daten sind im Internet über http://dnb.d-nb.de abrufbar.

© 2011 Sauerländer
Bibliographisches Institut GmbH
Dudenstraße 6, 68167 Mannheim
Alle Rechte vorbehalten
Umschlaggestaltung: Gesine Beran, Meerbusch
unter Verwendung von Illustrationen von Johannes Grüger
Druck: Sachsendruck Plauen GmbH
Paul-Schneider-Straße 12, 08525 Plauen
ISBN 978-3-7941-7662-5
www.sauerlaender.de